📖 この本のとく色と使い方

　本書は，ヘボン式ローマ字を書くことを定着させるための練習帳です。アルファベットや簡単な単語の練習が繰り返しできるように工夫されています。また，ローマ字のとくちょうや決まりごとなども，あわせて確認することができます。

　アルファベットは，それぞれの文字に大文字と小文字があります。本書では，文字をなぞって書ける部分は少しうすい文字にしています。見本の字を上からなぞって練習してから，実際に書いてみましょう。

★見本を見て練習しよう。　　★「ふく習しよう」で学んだことを確認しよう。

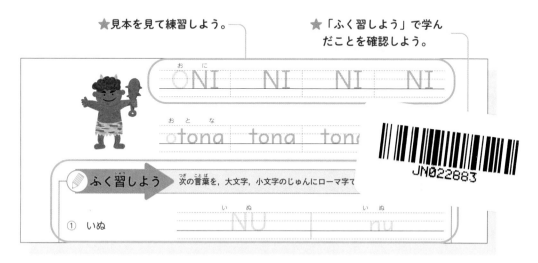

もくじ

大文字	小文字

横ぼうは第2線の少し下に書きます。

第1線
第2線
第3線
第4線

A　　a

B　　b

終点は第2線と第3線の間です。

大文字と形は同じですが，高さがちがいます。

C　　c

d や b とまちがいやすいので注意しましょう。

D　　d

中央の横ぼうを少し短く書きます。

E　　e

F　　f

2画目をわすれると C になってしまいます。

G　　g

第1線から始めます。n とまちがえないように。

H　　h

上下の横ぼうをわすれずに。

点をわすれない。

I　　i

終点は第2線と第3線の間です。

点をわすれない。

J　　j

2画目はつづけて書きます。

2画目は，第2線から始めます。

K　　k

- ローマ字では，L(l)・Q(q)・V(v)・X(x)は使いません。
- 書き方は一例であり，決まりはありません。

大文字

M　M

N　N

書き始めのいちに注意しましょう。

O　O

P　P

R　R

S　S

T　T

しっかりカーブさせましょう。

U　U

W　W

Y　Y

Z　Z

小文字

第2線から始めます。

m　m

第2線から始めます。h とまちがえないように。

n　n

o　o

1画目は第4線までのばします。

p　p

r　r

s　s

1画目は第1線と第2線の間から始めます。

t　t

u　u

w　w

y　y

z　z

A　A

a　a

「あいているところにローマ字を書きましょう。

あ さ ひ
ASAHI　SAHI　SAHI

あ め
ame　me　me　me

I　I

i　i

い す
ISU　SU　SU　SU

い え
ie　e　e　e

U　U

u　u

う み
UMI　MI　MI　MI

う ま
uma　ma　ma　ma

え

E　E

e　e

えき
EKI　KI　KI　KI

えがお
egao　gao　gao　gao

お

O　O

o　o

おに
ONI　NI　NI　NI

おとな
otona　tona　tona　tona

ふく習しよう　次の言葉を，大文字，小文字のじゅんにローマ字で書きましょう。

① いぬ
いぬ　NU　　いぬ　nu

② たうえ
たうえ　TA　　たうえ　ta

③ あおいろ
あおいろ　RO　　あおいろ　ro

5

か

KA　KA

ka　ka

「あいているところにローマ字を書きましょう。

か　お
KAO　O　O　O

か　い
kai　i　i　i

き

KI　KI

ki　ki

き　く
KIKU　KU　KU　KU

き　の　こ
kinoko　noko　noko

く

KU　KU

ku　ku

く　ま
KUMA　MA　MA

く　り
kuri　ri　ri　ri

け

KE KE

ke ke

KEMUSHI MUSHI MUSHI

keito ito ito

こ

KO KO

ko ko

KOMA MA MA

kokeshi keshi keshi

ふく習しよう

次の言葉を，大文字，小文字のじゅんにローマ字で書きましょう。

① かかし　　SHI　shi

② くもり　　MORI　mori

③ こたつ　　TATSU　tatsu

さ

SA SA

sa sa

あいているところにローマ字を書きましょう。

さ い ふ
SAIFU IFU IFU

さ め
same me me me

し

ヘボン式では，「し」は si ではなく，shi と表します。

SHI SHI

shi shi

し か
SHIKA KA KA

し ろ
shiro ro ro

す

SU SU

su su

す し
SUSHI SHI SHI

す い か
suika ika ika

せ

SE　SE

se　se

^せ^み
SEMI　MI　MI

^せ^い^と
seito　ito　ito

そ

SO　SO

so　so

^そ^ら
SORA　RA　RA

^そ^ば
soba　ba　ba　ba

✏ ふく習しよう

次の言葉を，大文字，小文字のじゅんにローマ字で書きましょう。

① ししまい　　MAI　　mai

② すすき　　KI　　ki

③ せなか　　NAKA　　naka

た

TA　TA

ta　ta

「あいているところにローマ字を書きましょう。

た　け
TAKE　　KE　　KE

た　ま　ご
tamago　　mago　　mago

「ヘボン式では，「ち」は ti ではなく，chi と表します。

ち

CHI　CHI

chi　chi

ち　ず
CHIZU　　ZU　　ZU

ち　か　ら
chikara　　kara　　kara

「ヘボン式では，「つ」は tu ではなく，tsu と表します。

つ

TSU　TSU

tsu　tsu

つ　き
TSUKI　　KI　　KI

つ　く　え
tsukue　　kue　　kue

て

TE　TE

te　te

てら
TERA　RA　RA

てがみ
tegami　gami　gami

と

TO　TO

to　to

とら
TORA　RA　RA

とけい
tokei　kei　kei

✏ ふく習しよう　次の言葉を，大文字，小文字のじゅんにローマ字で書きましょう。

たいこ
① たいこ　　IKO　　iko

つなひき
② つなひき　NAHIKI　nahiki

ちくわ
③ ちくわ　　KUWA　kuwa

11

な

NA NA
na na

あいているところにローマ字を書きましょう。

NASU SU SU
namae mae mae

に

NI NI
ni ni

NIJI JI JI
ninjin njin njin

ぬ

NU NU
nu nu

NUNO NO NO
nurie rie rie

ね

NE　NE

ne　ne

NEJI　JI　JI

nezumi　zumi　zumi

の

NO　NO

no　no

NODO　DO　DO

nokogiri　kogiri　kogiri

✏ ふく習しよう　　次の言葉を，大文字，小文字のじゅんにローマ字で書きましょう。

① なつ

TSU　tsu

② にわとり

WATORI　watori

③ のりまき

RIMAKI　rimaki

13

は

HA　HA

ha　ha

あいているところにローマ字を書きましょう。

は　し
HASHI　　SHI　　SHI

は　さ　み
hasami　　sami　　sami

ひ

HI　HI

hi　hi

ひ　よ　こ
HIYOKO　　YOKO　　YOKO

のばす音は、母音の上に「＾」または「￣」をつけて表します。

ひ　こう　き
hikôki　　kôki　　kôki

「ヘボン式では、「ふ」は hu ではなく、fu と表します。

ふ

FU　FU

fu　fu

ふ　え
FUE　　E　　E

ふ　で
fude　　de　　de

14

へ

HE　HE

he　he

へび
HEBI　　BI　　BI

へや
heya　ya　ya　ya

ほ

HO　HO

ho　ho

ほし
HOSHI　SHI　SHI

ほうせき
hôseki　seki　seki

ふく習しよう

次の言葉を，大文字，小文字のじゅんにローマ字で書きましょう。

① はがき
は　が　き　　は　が　き
GAKI　　gaki

② ひみつ
ひ　み　つ　　ひ　み　つ
MITSU　　mitsu

③ へちま
へ　ち　ま　　へ　ち　ま
CHIMA　　chima

（答え）（大文字，小文字のじゅんに）① HAGAKI, hagaki ② HIMITSU, himitsu ③ HECHIMA, hechima

15

ま

MA　MA

ma　ma

あいているところにローマ字を書きましょう。

まど
MADO　DO　DO

まくら
makura　kura　kura

み

MI　MI

mi　mi

みかん
MIKAN　KAN　KAN

みこし
mikoshi　koshi　koshi

む

MU　MU

mu　mu

むね
MUNE　NE　NE

むしば
mushiba　shiba　shiba

16

め

ME ME

me me

MEIRO IRO IRO
めいろ

megane gane gane
めがね

も

MO MO

mo mo

MON N N
もん

mokuba kuba kuba
もくば

ふく習しよう 次の言葉を，大文字，小文字のじゅんにローマ字で書きましょう。

① みなと NATO nato
み な と 　 み な と

② むかで KADE kade
む か で 　 む か で

③ めぐすり GUSURI gusuri
め ぐ す り 　 め ぐ す り

（答え）（大文字，小文字のじゅんに）① MINATO, minato ② MUKADE, mukade ③ MEGUSURI, megusuri

ら

RA　RA

ra　ra

あいているところにローマ字を書きましょう。

らくだ
RAKUDA　KUDA　KUDA

らくがき
rakugaki　kugaki　kugaki

り

RI　RI

ri　ri

りす
RISU　SU　SU

りんご
ringo　ngo　ngo

る

RU　RU

ru　ru

くるま
KURUMA KU　MA KU　MA

るすばん
rusuban　suban　suban

18

れ

RE　RE

re　re

れ　つ
RETSU　TSU　TSU

れ　ん　こ　ん
renkon　nkon　nkon

ろ

RO　RO

ro　ro

ろ　ば
ROBA　BA　BA

せ　ん　ろ
senro　sen　sen

✏ ふく習しよう　次の言葉を，大文字，小文字のじゅんにローマ字で書きましょう。

① あり　 A　a

② れんが　NGA　nga

③ うろこ　U　KO　u　ko

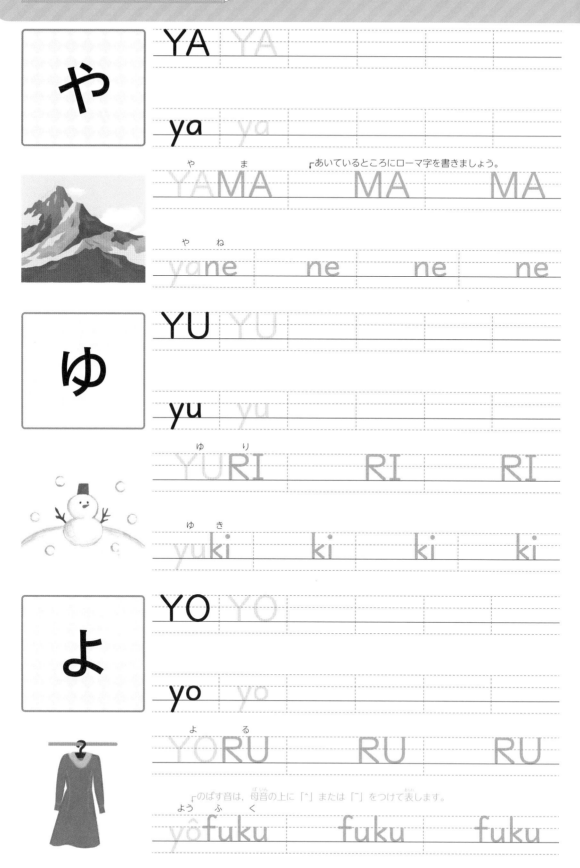

YA　YA

ya　ya

あいているところにローマ字を書きましょう。

YAMA　MA　MA

yane　ne　ne　ne

YU　YU

yu　yu

YURI　RI　RI

yuki　ki　ki　ki

YO　YO

yo　yo

YORU　RU　RU

のばす音は，母音の上に「＾」または「￣」をつけて表します。

yôfuku　fuku　fuku

WA　WA

わ

wa　wa

わ　　　　し
WASHI　　SHI　　SHI

わ　な　げ
wanage　　nage　　nage

「ん」は，b，m，pの前では，mで表します。（→P.32）

N　N

ん

n　n

き　り　ん
KIRIN　KIRI　KIRI

ほ　ん
hon　ho　ho　ho

✏ ふく習しよう　次の言葉を，大文字，小文字のじゅんにローマ字で書きましょう。

① やかん　
や　か　ん　　　　や　か　ん
KA　　ka

② ゆかた
ゆ　か　た　　　　ゆ　か　た
KATA　kata

③ わかめ
わ　か　め　　　　わ　か　め
KAME　kame

（答え）（大文字，小文字のじゅんに）① YAKAN，yakan　② YUKATA，yukata　③ WAKAME，wakame

21

が

GA　GA

ga　ga

があいているところにローマ字を書きましょう。

が　か
GAKA　　　KA　　　KA

が　い　こ　く
gaikoku　　ikoku　　ikoku

ぎ

GI　GI

gi　gi

のばす音は，母音の上に「＾」または「￣」をつけて表します。

ぎ　ん　こう
GINKÔ　　　NKÔ　　　NKÔ

ぎ　ん　な　ん
ginnan　　nnan　　nnan

ぐ

GU　GU

gu　gu

え　の　ぐ
ENOGU　ENO　　ENO

も　ぐ　ら
mogura　mo　ra　mo　ra

げ

GE　GE

ge　ge

GEKI　KI　KI

geta　ta　ta

ご

GO　GO

go　go

GOHAN　HAN　HAN

gochisô　chisô　chisô

ふく習しよう

次の言葉を，大文字，小文字のじゅんにローマ字で書きましょう。

① がくふ　KUFU　kufu

② げんかん　NKAN　nkan

③ やぎ　YA　ya

（答え）（大文字，小文字のじゅんに）① GAKUFU, gakufu ② GENKAN, genkan ③ YAGI, yagi

23

ざ

ZA ZA

za za

あいているところにローマ字を書きましょう。

<small>ざ り が に</small>
ZARIGANI RIGANI RIGANI

<small>ざ ぶ と ん</small>
zabuton buton buton

ヘボン式では，「じ」は zi ではなく，ji と表します。

じ

JI JI

ji ji

<small>じ か ん</small>
JIKAN KAN KAN

<small>じ しゃ く</small>
jishaku shaku shaku

ず

ZU ZU

zu zu

<small>な ま ず</small>
NAMAZU NAMA NAMA

<small>ず ぶ ぬ れ</small>
zubunure bunure bunure

ぜ

ZE　ZE

ze　ze

ZENZAI　NZAI　NZAI

shizen　shi　n　shi　n

ぞ

ZO　ZO

zo　zo

のばす音は，母音の上に「＾」または「￣」をつけて表します。

ZÔKIN　KIN　KIN

kaizoku　kai　ku　kai　ku

ふく習しよう

次の言葉を，大文字，小文字のじゅんにローマ字で書きましょう。

① かざぐるま　KA GURUMA　ka guruma

② おじぎ　O GI　o gi

③ すずむし　SU MUSHI　su mushi

だ

DA DA

da da

だんご
DANGO NGO NGO

だるま
daruma ruma ruma

ぢ

「ヘボン式では，「ぢ」は zi ではなく，ji と表します。

JI JI

ji ji

はなぢ
HANAJI HANA HANA

ちぢむ
chijimu chi mu chi mu

づ

ZU ZU

zu zu

みかづき
MIKAZUKI MIKA KI MIKA KI

つづき
tsuzuki tsu ki tsu ki

あいているところにローマ字を書きましょう。

26

で

DE DE

de de

でんわ
DENWA NWA NWA

でんち
denchi nchi nchi

ど

DO DO

do do

どろ
DORO RO RO

どんぐり
donguri nguri nguri

ふく習しよう

次の言葉を，大文字，小文字のじゅんにローマ字で書きましょう。

① だいず
だ い ず
IZU
だ い ず
izu

② こづつみ
こ づ つ み
KO TSUMI
こ づ つ み
ko tsumi

③ でぐち
で ぐ ち
GUCHI
で ぐ ち
guchi

ば

BA　BA

ba　ba

あいているところにローマ字を書きましょう。

ば　ら
BARA　RA　RA　RA

のばす音は，母音の上に「＾」または「￣」をつけて表します。

こう　ば　ん
kôban　kô　n　kô　n

び

BI　BI

bi　bi

び　ん
BIN　N　N　N

び　わ
biwa　wa　wa　wa

ぶ

BU　BU

bu　bu

ぶ　た
BUTA　TA　TA

ぶ　らんこ
buranko　ranko　ranko

べ

BE　BE

be　be

べんとう
BENTÔ　NTÔ　NTÔ

べんきょう
benkyô　nkyô　nkyô

ぼ

BO　BO

bo　bo

ぼきん
BOKIN　KIN　KIN

うめぼし
umeboshi ume　shi ume　shi

✎ ふく習しよう　次の言葉を，大文字，小文字のじゅんにローマ字で書きましょう。

① ばね　　ばね NE　　ばね ne

② とびら　と び ら TO RA　と び ら to ra

③ ぶたい　ぶ た い TAI　ぶ た い tai

29

ぱ

PA PA

pa pa

┌あいているところにローマ字を書きましょう。

らっぱ
RAPPA RAP RAP

さんぱつ　　　　　┌「ん」は、b, m, p の前では、m で表します。(→ P.32)
sampatsu sam tsu sam tsu

ぴ

PI PI

pi pi

はっぴ
HAPPI HAP HAP

えんぴつ
empitsu em tsu em tsu

ぷ

PU PU

pu pu

おんぷ
OMPU OM OM

まんぷく
mampuku mam ku mam ku

ぺ

PE PE

pe pe

みっぺい
MIPPEI MIP IMIP I

はらぺこ
harapeko hara kohara ko

ぽ

PO PO

po po

さんぽ
SAMPO SAM SAM

しっぽ
shippo ship ship

✏ ふく習しよう　次の言葉を，大文字，小文字のじゅんにローマ字で書きましょう。

① わんぱく
わ　ん　ぱ　く　　　　　わ　ん　ぱ　く
WAM KU wam ku

② てんぷら
て　ん　ぷ　ら　　　　　て　ん　ぷ　ら
TEM RA tem ra

③ たんぽぽ
た　ん　ぽ　ぽ　　　　　た　ん　ぽ　ぽ
TAM tam

1 つまる音「っ」は，その次の音のはじめの音を重ねて表します。

は　っ　ぱ　　┌あいているところにローマ字を書きましょう。
happa

ざ　っ　し
zasshi

さ　っ　か
sakka

2 つまる音「っ」が「ch」の前にくるときには，「t」をつけて表します。

あ　っ　ち
atchi

こ　っ　ち
kotchi

3 次の言葉をローマ字で書いてみましょう。

① きって _____

② ねっこ _____

③ きっさてん _____

④ ばっちり _____

4 「ん(n)」は，「b・m・p」の文字の前では「m」で表します。

ど　ん　ぶ　り
domburi

さ　ん　ま
samma

し　ん　ぱ　い
shimpai

┌下へ書きましょう。

5 「ん(n)」のあとに，「a・i・u・e・o」や「y」がつづくときには，「'」をつけます。

き　ん　よう　び
kin'yôbi

ま　ん　いん
man'in

きゃ　　KYA　KYA

kya　kya

きゅ　　KYU　KYU

kyu　kyu

きょ　　KYO　KYO

kyo　kyo

きゃ　く
KYAKU

や　きゅう
YAKYÛ

きょう　だい
KYÔDAI

下へ書きましょう。

キャ　ベ　ツ
kyabetsu

きゅう　きゅう　しゃ
kyûkyûsha

な　ん　きょ　く
nankyoku

下へ書きましょう。

33

| しゃ | SHA SHA |
| | sha sha |

| しゅ | SHU SHU |
| | shu shu |

| しょ | SHO SHO |
| | sho sho |

しゃ　し　ん　　　しゅ　く　だ　い　　　しょ　　どうû
SHASHIN SHUKUDAI SHODÔ

┌下へ書きましょう。

き　しゃ　　　　　か　しゅ　　　　しょう　ぎ
kisha kashu shôgi

┌下へ書きましょう。

34

ちゃ

CHA　CHA

cha　cha

ちゅ

CHU　CHU

chu　chu

ちょ

CHO　CHO

cho　cho

ちゃ　わ　ん
CHAWAN

ちゅう　しゃ
CHÛSHA

ちょう　さ
CHÔSA

下へ書きましょう。

お　も　ちゃ
omocha

う　ちゅう　じん
uchûjin

ちょう　ち　ん
chôchin

下へ書きましょう。

35

にゃ　NYA　NYA
nya　nya

にゅ　NYU　NYU
nyu　nyu

によ　NYO　NYO
nyo　nyo

こんにゃく
KONNYAKU

にゅうがく
NYŪGAKU

てんにょ
TENNYO

下へ書きましょう。

ぐにゃぐにゃ
gunyagunya

にゅういん
nyûin

にょきにょき
nyokinyoki

下へ書きましょう。

| りゃ | RYA | RYA | |
| | rya | rya | |

| りゅ | RYU | RYU | |
| | ryu | ryu | |

| りょ | RYO | RYO | |
| | ryo | ryo | |

りゃ く ず
RYAKUZU

りゅう ^
RYÛ

りょ こう ^
RYOKÔ

┌下へ書きましょう。

しょう りゃ く
shôryaku

りゅう こう
ryûkô

りょう て
ryôte

┌下へ書きましょう。

37

ぎゃ	GYA GYA
	gya gya
ぎゅ	GYU GYU
	gyu gyu
ぎょ	GYO GYO
	gyo gyo

ぎゃ　く
GYAKU

ぎゅう　ニ　く
GYÛNIKU

ぎょう　ぎ
GYÔGI

┌下へ書きましょう。

ぎゃ　く　て　ん
gyakuten

ぎゅう　にゅう
gyûnyû

きん　ぎょ
kingyo

┌下へ書きましょう。

じゃ ／ ぢゃ	JA JA
	ja ja
じゅ ／ ぢゅ	JU JU
	ju ju
じょ ／ ぢょ	JO JO
	jo jo

じゃ ぐ ち
JAGUCHI

か い じゅう
KAIJÛ

ま じょ
MAJO

┌下へ書きましょう。

じゃ が い も
jagaimo

じゅう しょ
jûsho

じょう ず
jôzu

┌下へ書きましょう。

39

ひゃ	HYA
	hya

びゃ	BYA
	bya

ひゅ	HYU
	hyu

びゅ	BYU
	byu

ひょ	HYO
	hyo

びょ	BYO
	byo

みゃ	MYA
	mya

ぴゃ	PYA
	pya

みゅ	MYU
	myu

ぴゅ	PYU
	pyu

みょ	MYO
	myo

ぴょ	PYO
	pyo